CELEBRANDO TODAS LAS RELIGIONES

POR ABBY COLICH

BLUE OWL
EN ESPAÑOL

TIPS PARA LOS MAESTROS Y LOS PADRES DE FAMILIA

El aprendizaje social y emocional (SEL, por sus siglas en inglés) les ayuda a los niños a manejar sus emociones, aprender cómo sentir empatía, crear y lograr metas, y tomar buenas decisiones. Las lecciones y el firme apoyo en SEL ayudarán a que los niños establezcan hábitos positivos en la comunicación, cooperación y en la toma de decisiones. Mediante la incorporación de SEL en la lectura temprana, los niños aprenderán la importancia de aceptar y celebrar a todas las personas en sus comunidades.

ANTES DE LA LECTURA

Hable con los lectores acerca de las religiones. Explíqueles que las religiones tienen que ver con las creencias. Explique que el mundo está lleno de muchas creencias religiosas diferentes.

Analicen: ¿Practicas alguna religión? ¿Puedes explicar en qué cree tu religión? ¿Puedes nombrar otras religiones?

DESPUÉS DE LA LECTURA

Hable con los lectores acerca de cómo ellos pueden celebrar o respetar las diferentes religiones.

Analicen: ¿Cuál es una de las maneras en que puedes respetar las creencias religiosas de otra persona? ¿Por qué es bueno para una comunidad que respete todas las creencias?

LA META SEL

Es probable que los niños hayan escuchado decir que no deben burlarse de los demás o excluirlos por ser diferentes, pero puede que no entiendan el motivo. Hable con los lectores acerca de la importancia de la empatía en el proceso de aceptación y celebración de las diferencias que existen en los demás. ¿Se han sentido alguna vez excluidos por tener creencias diferentes? ¿Cómo se sintieron? Si ellos no han experimentado esto, pídales que se imaginen lo que se siente. Haga una lista de estos diferentes sentimientos. Luego, pídales que hagan una lista de los sentimientos que ellos tienen cuando se sienten incluidos y aceptados. Explíqueles que nuestras comunidades son mejores cuando todos son aceptados e incluidos.

TABLA DE CONTENIDO

CAPÍTULO 1

¿QUÉ ES LA RELIGIÓN?

¿Practica tu familia alguna **religión**?
Quizá tú practicas más de una o ninguna.

Las religiones tienen que ver con las **creencias**. Nuestras creencias son importantes para nosotros. No todos tenemos las mismas creencias. Pero todos tenemos el derecho de creer en lo que queramos.

Puede que tu **comunidad** tenga diferentes religiones. Descubre cuáles son las creencias de esas religiones. ¿Son distintas de las tuyas? Nuestras comunidades se fortalecen cuando nos entendemos los unos a los otros.

TODOS TENEMOS CREENCIAS

¿En qué crees? Aunque no sigas una religión, probablemente tengas creencias. ¿Piensas que siempre debes decir la verdad? ¿Crees que es importante ser amable? ¡Estas son creencias!

CAPÍTULO 2

¿CÓMO LA PRACTICAMOS?

¿Celebra tu familia las festividades religiosas? Kai es budista. Él celebra el Vesak. **Honra** a Buda echándole agua a una estatua.

Bina es hindú. Ella celebra el festival Holi y la bienvenida de la primavera. ¡Ella y sus amigos se tiran polvo de colores entre ellos para celebrar!

El mundo está lleno de muchas religiones distintas. Todos celebramos de diferentes maneras. La mayoría de las religiones cree en un **dios** o en dioses. La gente puede **adorar** a estos dioses. Sara es judía. Ella cree en un solo dios. Dev es hindú. Él cree en muchos dioses.

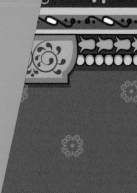

La gente puede **rezarle** a uno o más dioses. Cora es cristiana. Ella le reza a Dios. Naji es musulmán. Él también le reza a Dios. Lo llama Dios Alá.

Algunas religiones tienen **servicios** semanales o celebraciones. Rebeca es judía. Su familia celebra el sabbat cada fin de semana. Julia es cristiana. Ella va a la **iglesia** con su familia todos los domingos. Omar es musulmán. Él reza en una **mezquita** los viernes. Sus religiones son diferentes, pero todos sacan el tiempo para practicarlas. Ese tiempo es importante para ellos.

PRÁCTICA DE LA FE

La religión es una parte enorme en las vidas de algunas personas. Ellas pueden rezar e ir a los servicios a menudo. Para otras, la religión forma solamente una pequeña parte de sus vidas. Puede que solamente practiquen partes de ella de vez en cuando. La gente demuestra y practica su **fe** de diferentes maneras.

sabbat

CAPÍTULO 3

RESPETA TODAS LAS CREENCIAS

La religión es solamente una parte en las vidas de las personas. Habla con alguien que tenga diferentes creencias religiosas. Puede que te des cuenta de que ustedes tienen mucho en común. ¿A los dos les gusta la jardinería?

Tal vez ambos disfrutan jugar a los naipes. La gente es mucho más que sus creencias. Cuando encuentras lo que tienes en común con otras personas, es más fácil aceptarlas y entenderlas.

templo sij

Una religión o creencia no es mejor que otra. Todas merecen respeto. Elegir no seguir una religión también es una creencia. Eso también merece respeto.

Una manera de mostrar respeto hacia las creencias de alguien es preguntándole sobre ellas. Ari no practica ninguna religión. Su amigo Sarang es sij. Ellos conversan acerca de sus creencias. Ari visita el **templo** sij con Sarang. Él aprende más sobre esa religión.

MANTÉN UNA MENTE ABIERTA

Si vas a un servicio religioso, algunas cosas pueden parecer diferentes o poco comunes. No juzgues. Nunca molestes a las personas ni te burles de ellas por lo que creen. No tienes que tener las mismas creencias, pero puedes respetarlas.

Es normal sentir confusión sobre algo **desconocido**. Pero debes respetar a los demás, sin importar la religión o las creencias que ellos tengan. ¡Podemos obtener más comprensión cuando tenemos el valor suficiente para hacer preguntas! Esto nos ayuda a aceptar a los demás.

Cuando aceptas y respetas a los demás, ayudas a que todos se entiendan. ¡Y eso es genial para nuestra comunidad!

METAS Y HERRAMIENTAS

CRECE CON LAS METAS

Aceptar a las personas, sin importar su religión o sus creencias, es importante. Entender las creencias de las personas y conocerlas mejor fuera de sus creencias te ayudará a aceptar a los demás.

Meta: Aprende algo nuevo sobre la religión o las creencias de alguien. ¿Son algunas de sus creencias similares a las tuyas? ¿Cuáles creencias son diferentes? ¿Qué piensas sobre esto?

Meta: ¿Cuál es una de las maneras en las que puedes aceptar las creencias religiosas de los demás? ¿Cómo puedes tratar de hacer esto más a menudo?

Meta: Conoce mejor a una nueva persona. Trata de encontrar algo que ustedes tengan en común o que a los dos les guste.

REFLEXIÓN ESCRITA

Entender tus propias creencias puede ayudarte a entender y aceptar a quienes te rodean.

1. ¿Cuáles son tus creencias?

2. ¿Te gustaría aprender más acerca de la religión o las creencias de otra persona? Menciona una cosa que te gustaría saber.

3. ¿Cuál es una de las cosas que puedes hacer para aceptar más las creencias de los demás?

GLOSARIO

adorar
Mostrar amor y devoción a uno o más dioses, especialmente a través del rezo o la asistencia a los servicios religiosos.

comunidad
Un grupo de personas que tienen todas algo en común.

creencias
Las cosas que alguien cree que son ciertas o las ideas que, juntas, forman una religión.

desconocido
Que no se conoce bien ni es fácilmente reconocible.

dios
Un ser sobrehumano a quien se adora.

fe
La creencia en un dios o en dioses, en un sistema o en una religión.

honra
Alaba algo o a alguien.

iglesia
Un edificio utilizado por los cristianos para su adoración religiosa.

mezquita
Un edificio utilizado por los musulmanes para su adoración religiosa.

religión
Un sistema específico de creencias, fe y adoración.

rezarle
Hablarle a un dios para dar las gracias o pedir ayuda.

servicios
Ceremonias de adoración religiosa.

templo
Un edificio utilizado para la adoración religiosa.

PARA APRENDER MÁS

Aprender más es tan fácil como contar de 1 a 3.

1. Visita www.factsurfer.com

2. Escribe "**celebrandotodaslasreligiones**" en la caja de búsqueda.

3. Elige tu libro para ver una lista de sitios web.

ÍNDICE

Blue Owl Books are published by Jump!, 5357 Penn Avenue South, Minneapolis, MN 55419, www.jumplibrary.com

Copyright © 2021 Jump! International copyright reserved in all countries. No part of this book may be reproduced in any form without written permission from the publisher.

Library of Congress Cataloging-in-Publication Data

Names: Colich, Abby, author.
Title: Celebrando todas las religiones / por Abby Colich.
Other titles: Celebrating all religions. Spanish
Description: Minneapolis: Jump!, Inc., 2021.
Series: Celebrando nuestras comunidades
Includes index. | Audience: Grades 2–3
Identifiers: LCCN 2020023928 (print)
LCCN 2020023929 (ebook)
ISBN 9781645276821 (hardcover)
ISBN 9781645276838 (paperback)
ISBN 9781645276845 (ebook)
Subjects: LCSH: Religion—Juvenile literature. | Religions—Juvenile literature. | Children—Religious life—Juvenile literature.
Classification: LCC BL48 .C563518 2020 (print) | LCC BL48 (ebook) | DDC 200–dc23
LC record available at https://lccn.loc.gov/2020023928
LC ebook record available at https://lccn.loc.gov/2020023929

Editor: Jenna Gleisner
Designer: Michelle Sonnek
Translator: Annette Granat

Photo Credits: MidoSemsem/Shutterstock, cover (right); VaLiza/Shutterstock, cover (left); studerga/iStock, 1; Ebtikar/Shutterstock, 3; Hemant Mehta/SuperStock, 4; Pixel-Shot/Shutterstock, 5; Wavebreakmedia/Shutterstock, 6–7; Chris JUNG/Alamy, 8; Nikada/iStock, 9; PremiumStock/Shutterstock, 10–11; IndiaPicture/Getty, 12–13; Monkey Business Images/Shutterstock, 14–15; Boris Ryaposov/Shutterstock, 16 (left); Kues/Shutterstock, 16 (right); yacobchuk/iStock, 17; AGF Srl/Alamy, 18–19; Wavebreakmedia/iStock, 20–21.

Printed in the United States of America at Corporate Graphics in North Mankato, Minnesota.